Impressum
Verlag: BABADADA GmbH, Nedderfeld 112 , 22529 Hamburg
Geschäftsführer / Verlagsleitung: Harald Hof
Druck: Books on Demand GmbH, In de Tarpen 42, 22848 Norderstedt

Imprint
Publisher: BABADADA GmbH, Nedderfeld 112 , 22529 Hamburg, Germany
Managing Director / Publishing direction: Harald Hof
Print: Books on Demand GmbH, In de Tarpen 42, 22848 Norderstedt, Germany

școală

Deljenje
a împărți

186/2

Tabla
tablă

Razred
sală de clasă

Šolsko dvorišče
curte a școlii

Učitelj
profesor

Papir
hârtie

Pisati
a scrie

Pisalo
instrument de scris

Pisalna miza
masă de birou

Ravnilo
riglă

Knjiga
carte

Učenec
elev

Šolska torba

ghiozdan

Peresnica

penar

Svinčnik

creion

Šilček

ascuțitoare

Radirka

radieră

Risalni blok

bloc de desen

Risba

desen

Čopič

pensulă

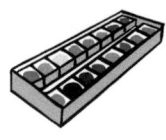

Vodene barvice

cutie de acuarele

Škarje

foarfece

Lepilo

lipici

Zvezek

caiet de exerciții

Domača naloga

temă

Število

număr

Seštevanje

a aduna

Odštevanje

a scădea

Množenje

a multiplica

Računanje

a calcula

Črka

literă

Abeceda

alfabet

Beseda

cuvânt

Besedilo

text

Brati

a citi

Kreda

cretă

Učna ura

oră

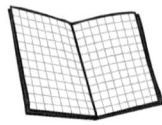

Redovalnica

catalog

Preizkus znanja

examen

Spričevalo

certificat

Šolska uniforma

uniformă școlară

Izobrazba

educație

Enciklopedija

enciclopedie

Univerza

universitate

Mikroskop

microscop

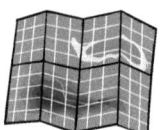

Zemljevid

hartă

Koš za smeti

coș de gunoi

Potovanje
călătorie

Hotel
hotel
Grand
Hostel
hostel
ROOMS
Menjalnica
casă de schimb valutar
EXCHANGE
Kovček
valiză
Avtomobil
autovehicul

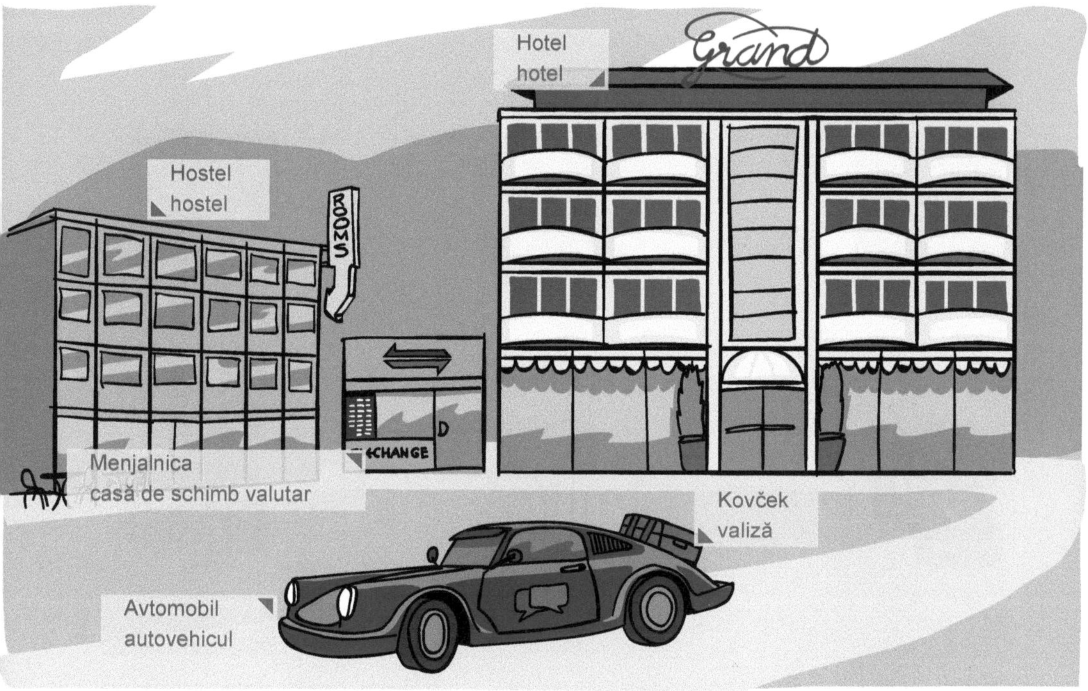

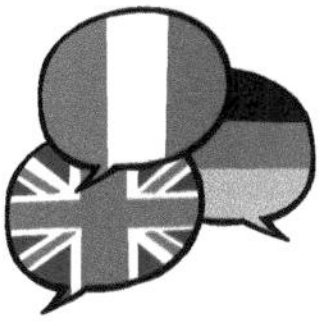

Jezik

limbă

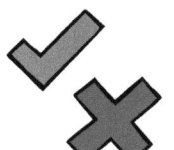

da / ne

da/nu

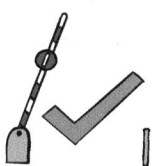

Prav

okay

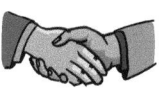

Pozdravljeni

Bună!

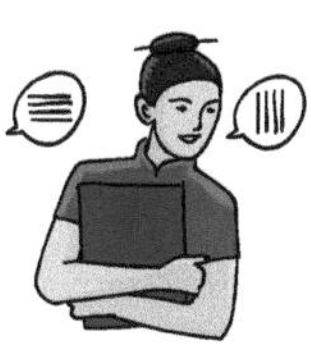

Prevajalec

interpret

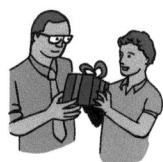

Hvala

mulțumesc

Koliko stane...?

Cât costă...?

Ne razumem

Nu înțeleg

Težava

problemă

Dober večer!

Bună seara!

Dobro jutro!

Bună dimineața!

Lahko noč!

Noapte bună!

Nasvidenje

la revedere

Smer

direcție

Prtljaga

bagaj

Torba

geantă

Nahrbtnik

rucsac

Gost

oaspete

Soba

cameră

Spalna vreča

sac de dormit

Šotor

cort

Turistične informacije

punct de informare turistică

Plaža

plajă

Kreditna kartica

carte de credit

Zajtrk

mic dejun

Kosilo

masa de prânz

Večerja

cină

Vozovnica

bilet de călătorie

Dvigalo

lift

Znamka

timbru poștal

Meja

graniță

Carina

vamă

Veleposlaništvo

ambasadă

Vizum

viză

Potni list

pașaport

Prevoz

transport

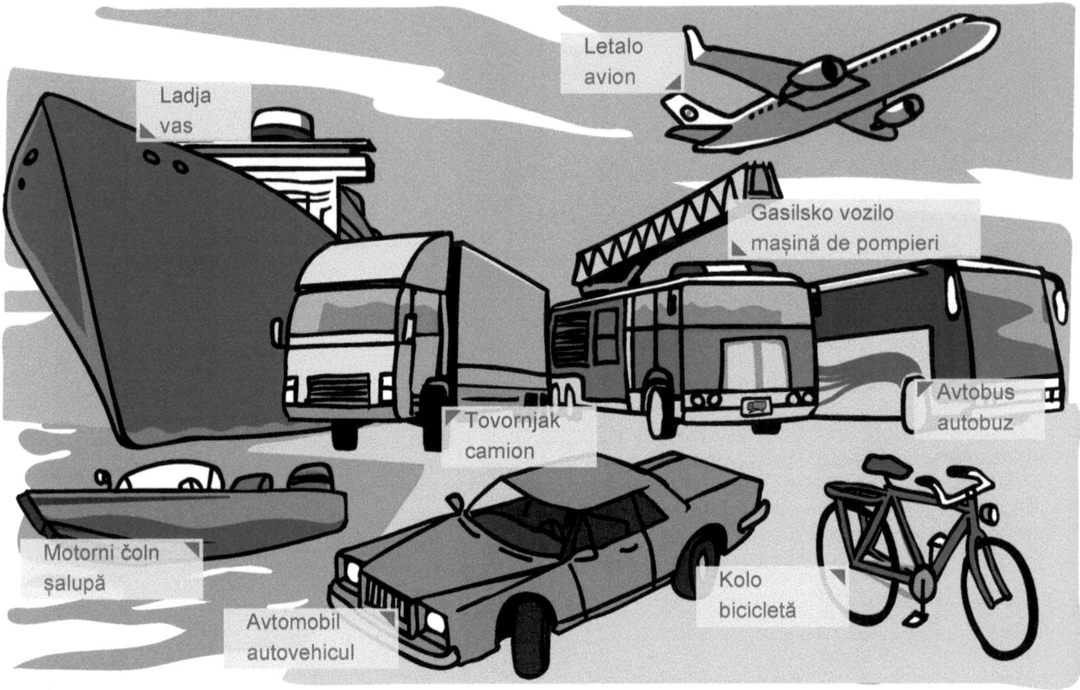

Letalo
avion
Ladja
vas
Gasilsko vozilo
mașină de pompieri
Avtobus
autobuz
Tovornjak
camion
Motorni čoln
șalupă
Kolo
bicicletă
Avtomobil
autovehicul

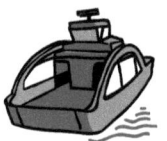

Trajekt

feribot

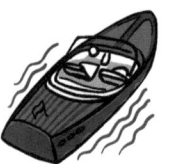

Čoln

barcă

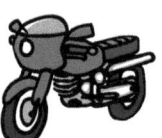

Motorno kolo

motocicletă

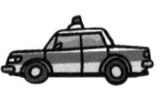

Policijski avto

mașină de poliție

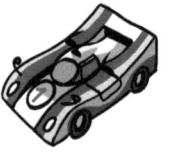

Dirkalni avto

mașină de curse

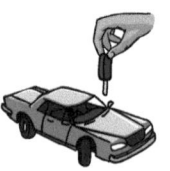

Najeto vozilo

mașină închiriată

Souporaba avtomobila

car sharing

Avtovleka

mașină de tractat

Smetarsko vozilo

mașină de gunoi

Motor

motor

Gorivo

combustibil

Bencinska postaja

benzinărie

Prometni znak

semn de circulație

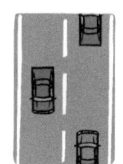

Promet

trafic

Zastoj

ambuteiaj

Parkirišče

parcare

Železniška postaja

gară

Tirnice

șine

Vlak

tren

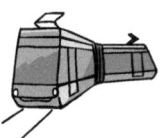

Tramvaj

tramvai

Vagon

vagon

Helikopter

elicopter

Letališče

aeroport

Stolp

turn

Potnik

pasager

Kontejner

container

Karton

carton

Voziček

căruță

Košara

coș

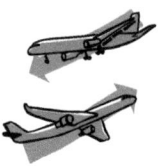

vzleteti / pristati

a decola/a ateriza

Mesto

oraș

Vas

sat

Mestno jedro

centru

Hiša

casă

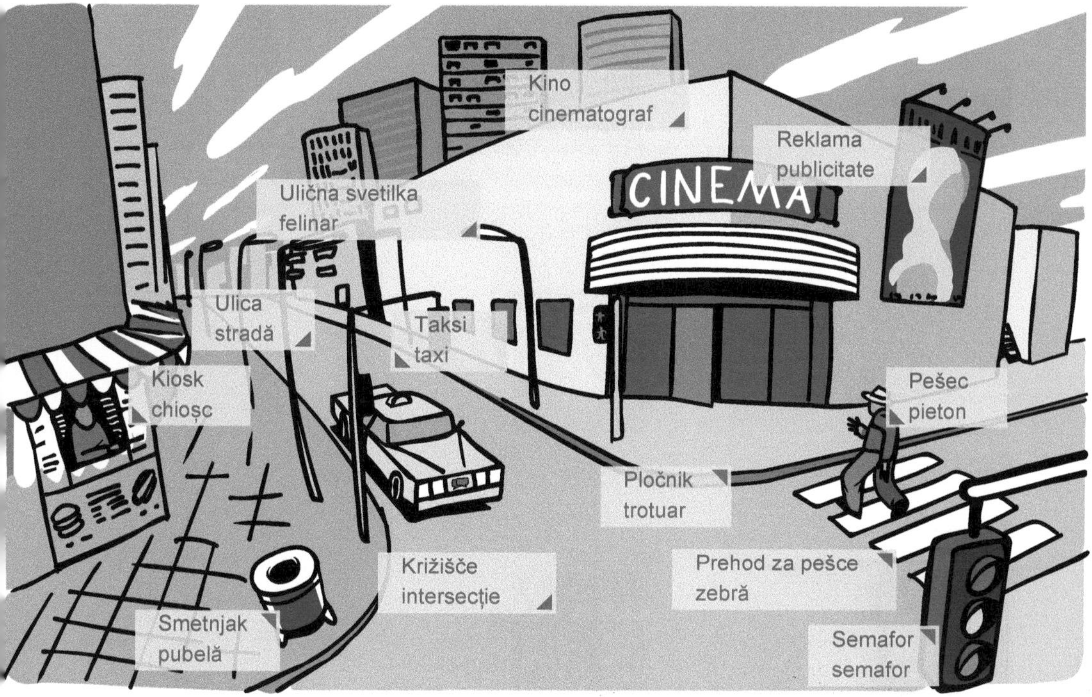

Kino
cinematograf

Reklama
publicitate

Ulična svetilka
felinar

Ulica
strada

Taksi
taxi

CINEMA

Kiosk
chioșc

Pešec
pieton

Pločnik
trotuar

Križišče
intersecție

Prehod za pešce
zebră

Smetnjak
pubelă

Semafor
semafor

Koča
cabană

Stanovanje
apartament

Železniška postaja
gară

Mestna hiša
primărie

Muzej
muzeu

Šola
școală

Univerza

universitate

Banka

bancă

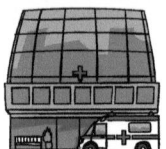

Bolnišnica

spital

Hotel

hotel

Lekarna

farmacie

Pisarna

birou

Knjigarna

librărie

Trgovina

magazin

Cvetličarna

florărie

Supermarket

supermarket

Tržnica

piață

Veleblagovnica

magazin universal

Ribarnica

comerciant de pește

Nakupovalno središče

centru comercial

Pristanišče

port

Park

parc

Klop

bancă

Most

pod

Stopnice

trepte

Podzemna železnica

metrou

Predor

tunel

Avtobusno postajališče

stație de autobuz

Bar

bar

Restavracija

restaurant

Poštni nabiralnik

cutie poștală

Ulična tabla

tăbliță indicatoare cu
numele străzii

Parkirna ura

parcometru

Živalski vrt

grădină zoologică

Kopališče

piscină

Mošeja

moschee

Kmetija

gospodărie țărănească

Onesnaževanje

poluare

Pokopališče

cimitir

Cerkev

biserică

Otroško igrišče

loc de joacă

Tempelj

templu

Pokrajina
peisaj

List / frunză

Kažipot / indicator

Pot / drum

Travnik / pajište

Kamen / piatră

Drevo / copac

Pohodnik / drumeț

Reka / râu

Trava / iarbă

Cvetlica / floare

Dolina

vale

Hrib

deal

Jezero

lac

Gozd

pădure

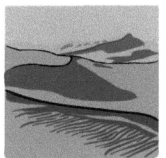

Puščava

deșert

Vulkan

vulcan

Grad

castel

Mavrica

curcubeu

Goba

ciupercă

Palma

palmier

Komar

țânțar

Muha

muscă

Mravlja

furnică

Čebela

albină

Pajek

păianjen

Hrošč

gândac

Žaba

broască

Veverica

veveriță

Jež

arici

Zajec

iepure

Sova

bufniță

Ptič

pasăre

Labod

lebădă

Divji prašič

porc mistreț

Jelen

cerb

Los

elan

Jez

dig

Vetrnica

turbină eoliană

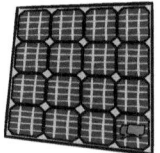

Solarna plošča

panou solar

Podnebje

climă

Restavracija
restaurant

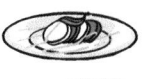

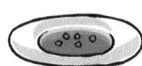

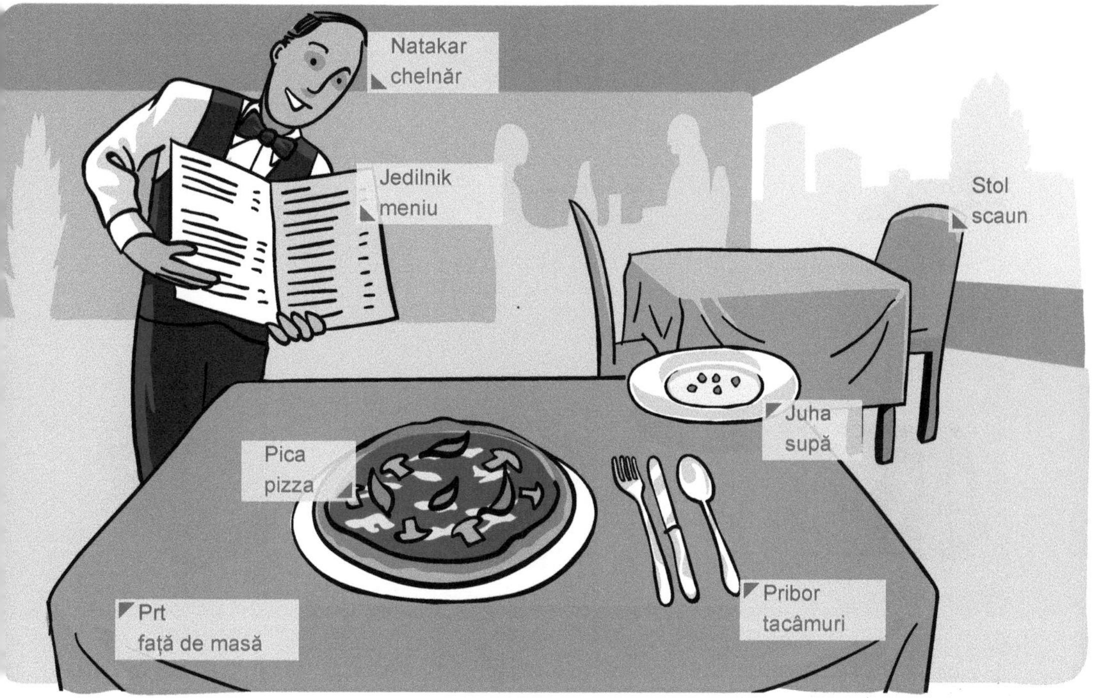

Natakar
chelnăr
Jedilnik
meniu
Stol
scaun
Juha
supă
Pica
pizza
Pribor
tacâmuri
Prt
față de masă

Predjed

antreu

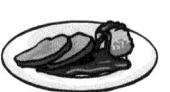

Glavna jed

fel principal

Sladica

desert

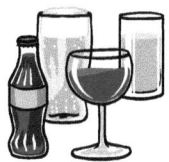

Pijače

băuturi

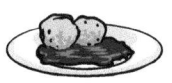

Hrana

mâncare

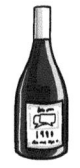

Steklenica

sticlă

Hitra hrana

fastfood

Ulična hrana

streetfood

Čajnik

ceainic

Sladkornica

zaharniţă

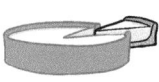

Porcija

porţie

Aparat za espresso

espressor

Stolček za hranjenje

scaun înalt (pentru copii)

Račun

factură

Pladenj

tavă

Nož

cuţit

Vilica

furculiţă

Žlica

lingură

Čajna žlička

linguriţă

Servieta

şerveţel

Kozarec

pahar

Krožnik

farfurie

Globoki krožnik

farfurie de supă

Krožniček

farfurie

Omaka

sos

Solnica

solniță

Mlinček za poper

râșniță de piper

Kis

oțet

Olje

ulei

Začimbe

condimente

Kečap

ketchup

Gorčica

muștar

Majoneza

maioneză

Supermarket
supermarket

Posebna ponudba
ofertă
FOR
Stranka
client
Mlečni izdelki
produse lactate
Sadje
fructe
Nakupovalni voziček
cărucior de cumpărături

BUTCHERS

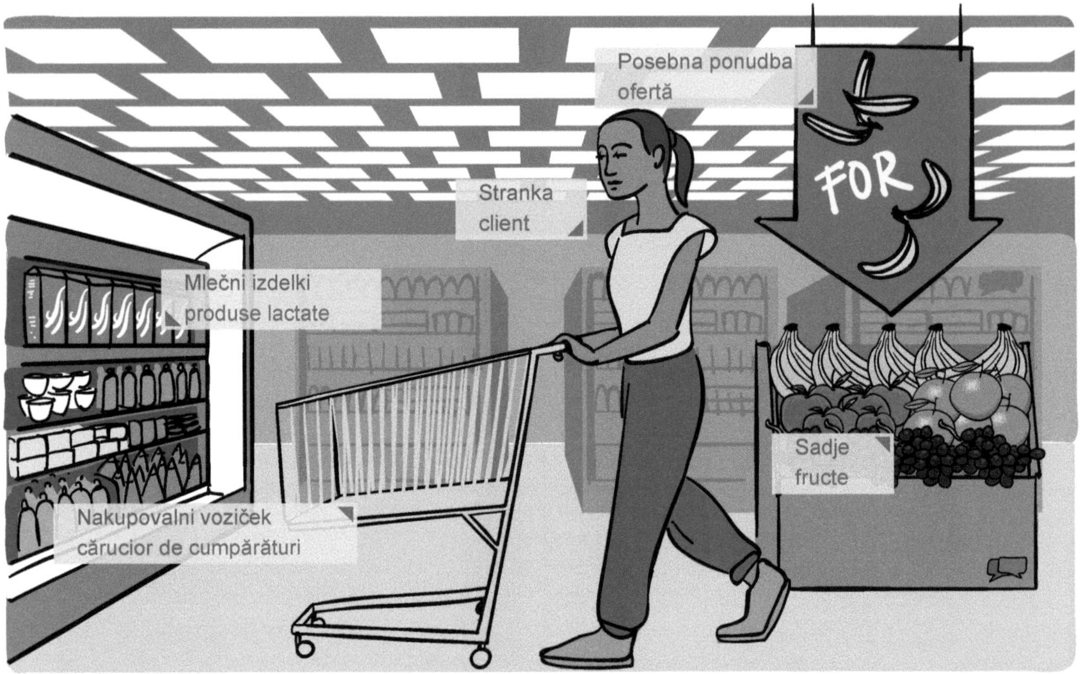

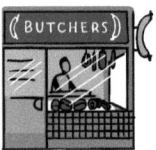

Mesnica

măcelărie

BAKERY

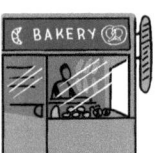

Pekarna

brutărie

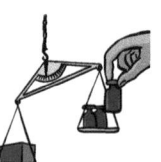

Tehtati

a cântări

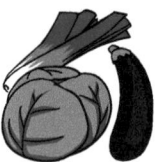

Zelenjava

legume

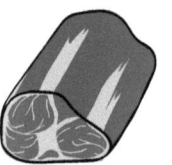

Meso

carne

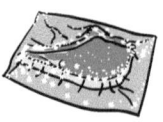

Zamrznjena hrana

alimente refrigerate

Hladne mesnine

mezeluri și brânzeturi feliate

Konzerve

conserve

Pralni prašek

detergent

Sladkarije

dulciuri

Gospodinjski izdelki

articole de menaj

Čistilno sredstvo

produse de curăţenie

Prodajalka

vânzătoare

Blagajna

casă

Blagajnik

casier

Nakupovalni seznam

listă de cumpărături

Delovni čas

orar

Denarnica

portmoneu

Kreditna kartica

carte de credit

Torba

geantă

Plastična vrečka

pungă de plastic

Voda

apă

Sok

suc

Mleko

lapte

Kola

cola

Vino

vin

Pivo

bere

Alkohol

alcool

Kakav

cacao

Čaj

ceai

Kava

cafea

Espresso

espresso

Kapučino

cappucino

Banana

banane

Jabolko

măr

Pomaranča

portocală

Lubenica

pepene

Limona

lămâie

Korenje

morcov

Česen

usturoi

Bambus

bambus

Čebula

ceapă

Goba

ciupercă

Oreščki

nuci

Rezanci

paste făinoase

Špageti

spagheti

Riž

orez

Solata

salată

Ocvrt krompirček

cartofi prăjiți

Pečen krompir

cartofi țărănești

Pica

pizza

Hamburger

hamburger

Sendvič

sandwich

Zrezek

șnițel

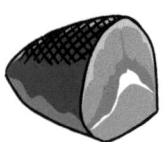

Šunka

șuncă

Salama

salam

Klobasa

cârnați

Piščanec

pui

Pečenka

friptură

Riba

pește

Ovseni kosmiči

fulgi de ovăz

Musli

musli

Koruzni kosmiči

cereale

Moka

făină

Rogljiček

corn

Žemlja

chifle

Kruh

pâine

Prepečenec

pâine prăjită

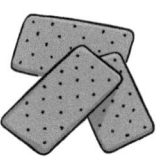

Piškoti

biscuiți

Maslo

unt

Skuta

brânză de vaci

Torta

prăjitură

Jajce

ou

Pečeno jajce na oko

ouă ochiuri

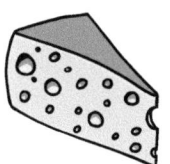

Sir

brânză

Sladoled

înghețată

Sladkor

zahăr

Med

miere

Marmelada

marmeladă

Čokoladni namaz

cremă nuga

Kari

curry

Kmetija
gospodărie țărănească

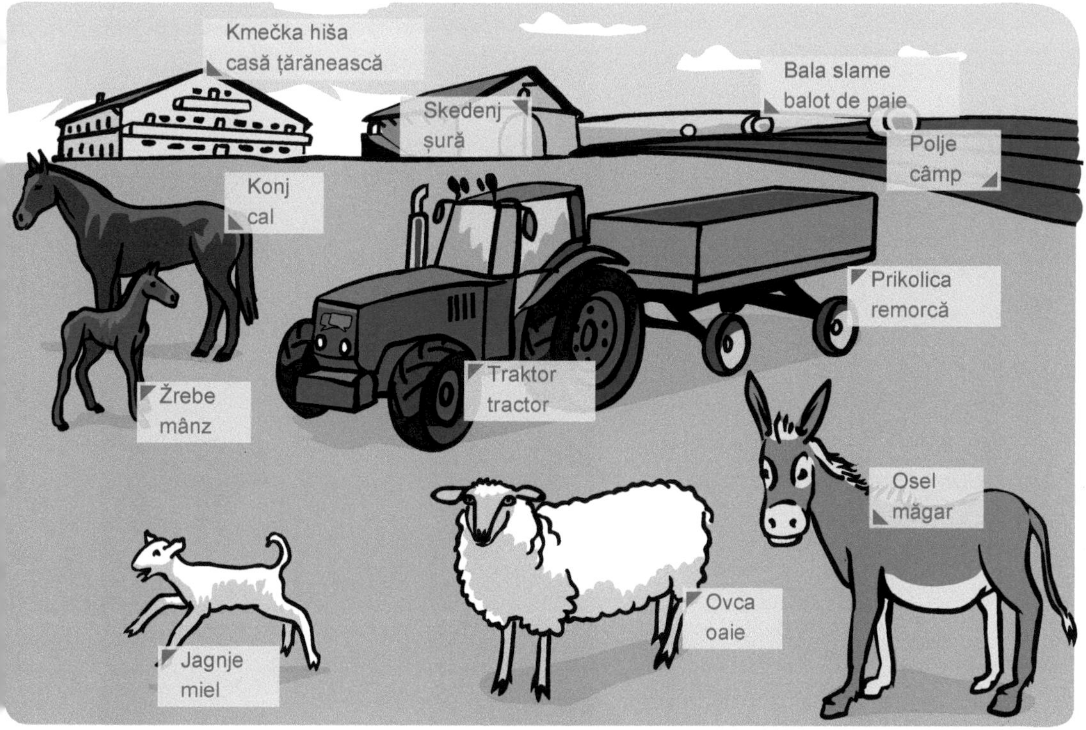

Kmečka hiša
casă țărănească
Bala slame
balot de paie
Skedenj
șură
Polje
câmp
Konj
cal
Prikolica
remorcă
Traktor
tractor
Žrebe
mânz
Osel
măgar
Ovca
oaie
Jagnje
miel

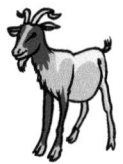

Koza
capră

Krava
vacă

Tele
vițel

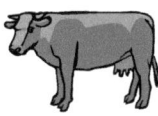

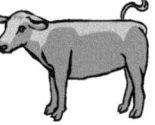

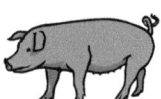

Prašič
porc

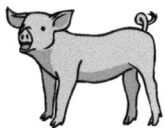

Pujsek
purcel

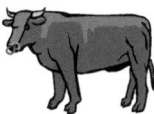

Bik
taur

Gos

găină

Raca

rață

Piščanec

pui

Kokoš

găină

Petelin

cocoș

Podgana

șobolan

Mačka

pisică

Miš

șoarece

Vol

bou

Pes

câine

Pasja uta

cușcă

Cev za zalivanje

furtun de grădină

Kangla za zalivanje

stropitoare

Kosa

coasă

Plug

plug

Srp

seceră

Motika

sapă

Vile

furcă

Sekira

secure

Samokolnica

roabă

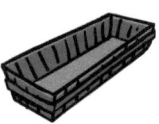

Korito

troacă

Kangla za mleko

cană pentru lapte

Vreča

sac

Ograja

gard

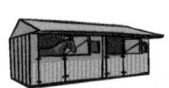

Hlev

grajd

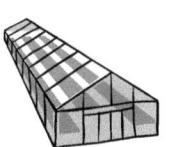

Rastlinjak

seră

Prst

sol

Seme

sămânță

Gnojilo

fertilizator

Kombajn

combină de treierat

Žeti

a culege

Žetev

recoltă

Jam

cartof yam

Pšenica

grâu

Soja

soia

Krompir

cartof

Koruza

porumb

Oljna ogrščica

rapiță

Sadno drevo

pom fructifer

Maniok

manioc

Žito

cereale

Hiša
casă

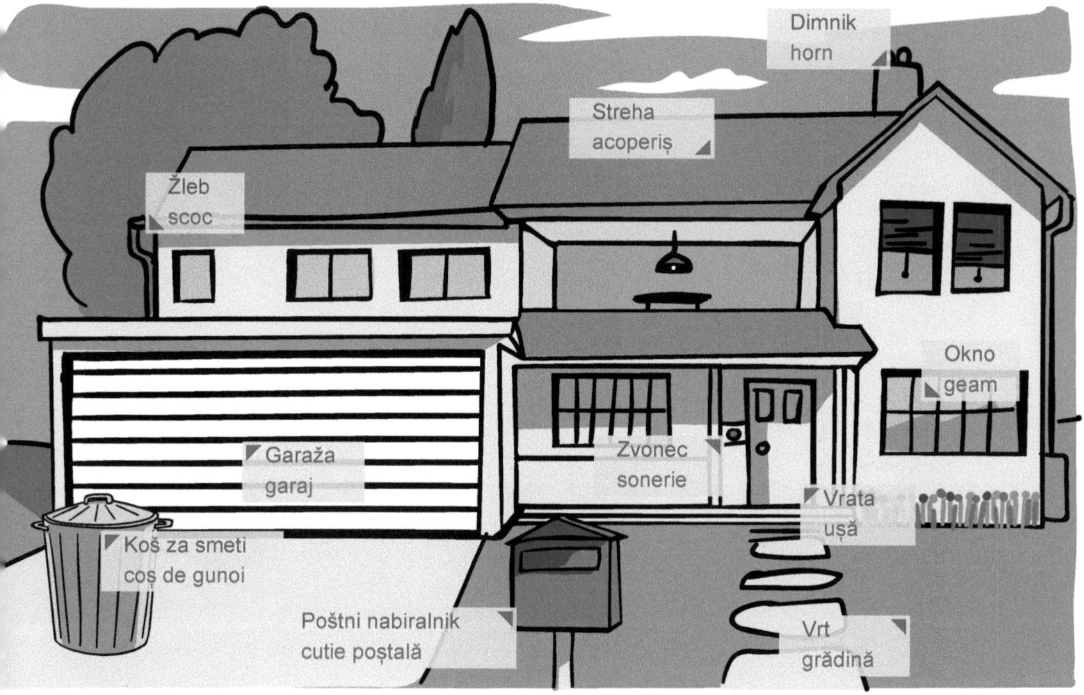
Dimnik
horn
Streha
acoperiș
Žleb
scoc
Okno
geam
Garaža
garaj
Zvonec
sonerie
Vrata
ușă
Koš za smeti
coș de gunoi
Poštni nabiralnik
cutie poștală
Vrt
grădină

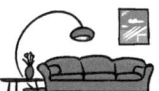

Dnevna soba

camera de zi

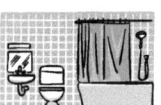

Kopalnica

baie

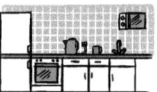

Kuhinja

bucătărie

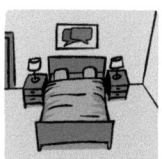

Spalnica

dormitor

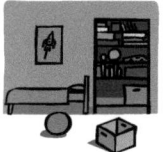

Otroška soba

camera copiilor

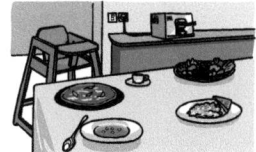

Jedilnica

sufragerie

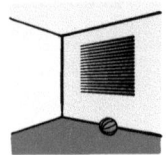

Tla

podea

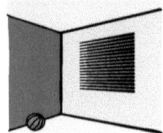

Stena

perete

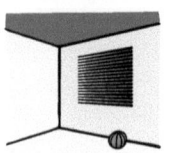

Strop

tavan

Klet

pivniță

Savna

saună

Balkon

balcon

Terasa

terasă

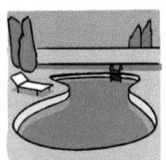

Bazen

piscină

Kosilnica

mașină de tuns iarba

Rjuha

cearșaf

Posteljno pregrinjalo

cuvertură

Postelja

pat

Metla

mătură

Vedro

găleată

Stikalo

întrerupător

Dnevna soba

cameră de zi

Tapeta
tapet
Slika
pictură
Svetilka
lampă
Polica
raft
Omara
dulap
Televizor
televizor
Kamin
șemineu
Cvetlica
floare
Blazina
pernă
Zofa
sofa
Vaza
vază
Daljinski upravljalnik
telecomandă

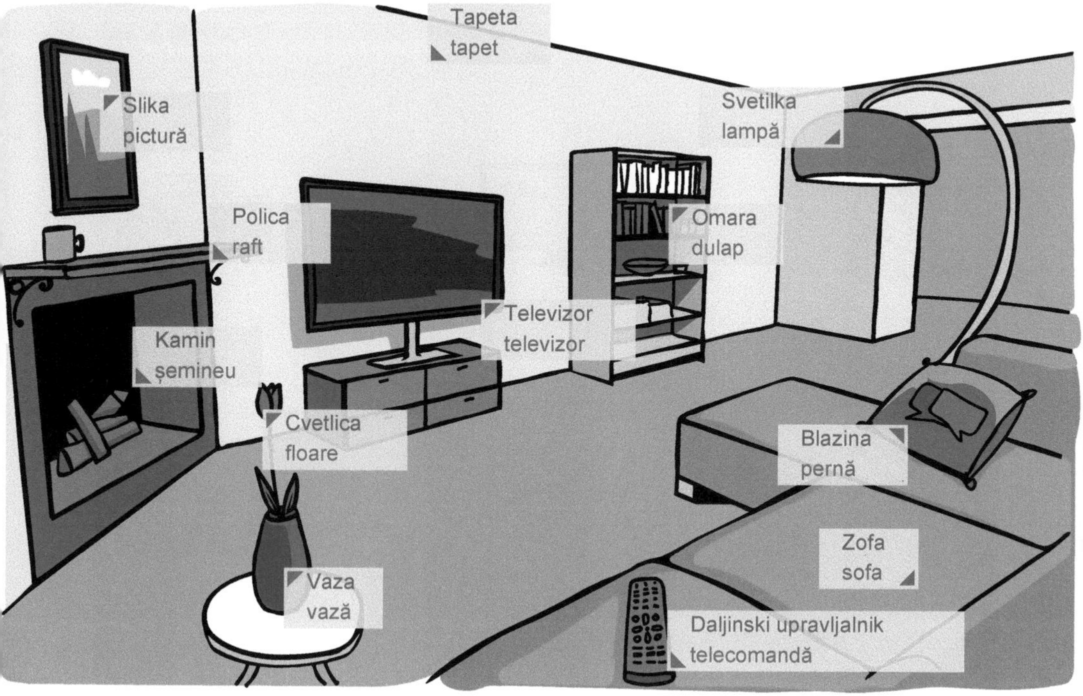

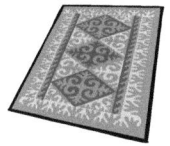

Preproga

covor

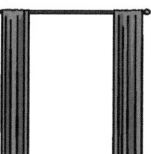

Zavesa

perdea

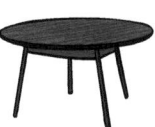

Miza

masă

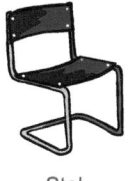

Stol

scaun

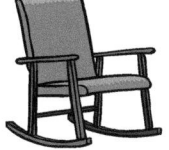

Gugalnik

balansoar

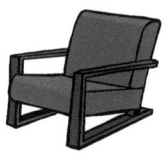

Naslanjač

fotoliu

Knjiga

carte

Odeja

pătură

Dekoracija

decoraţiune

Drva

lemn de foc

Film

film

Glasbeni stolp

instalaţie stereo

Ključ

cheie

Časopis

ziar

Slika

desen

Plakat

poster

Radio

radio

Beležka

caiet de notiţe

Sesalnik

aspirator

Kaktus

cactus

Sveča

lumânare

Kuhinja
bucătărie

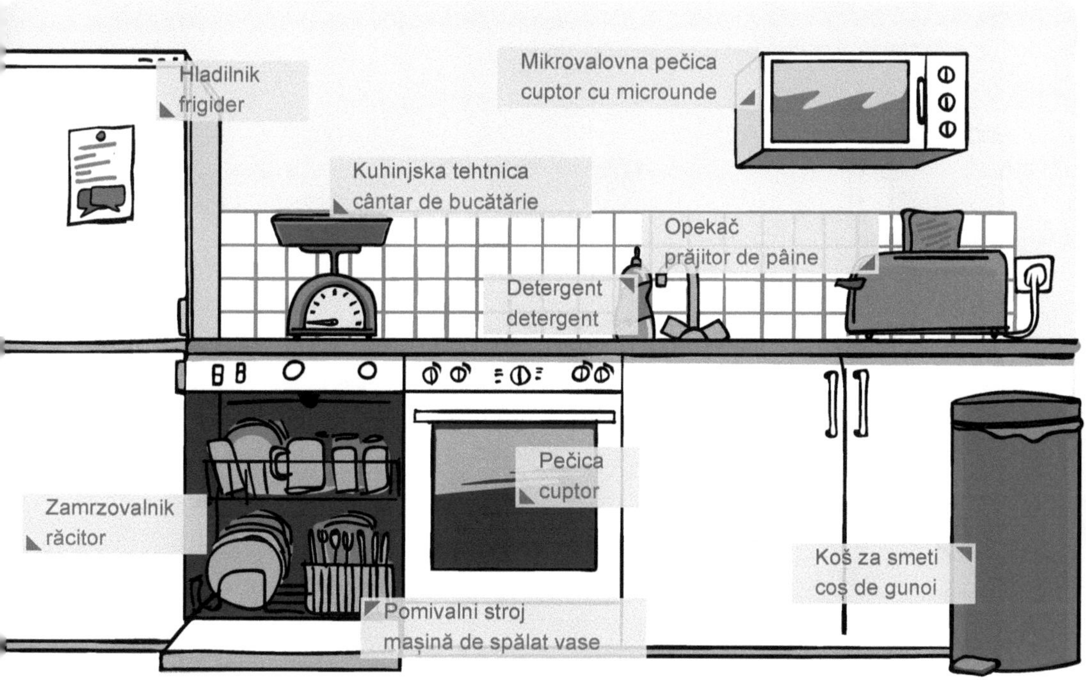
Hladilnik
frigider
Mikrovalovna pečica
cuptor cu microunde
Kuhinjska tehtnica
cântar de bucătărie
Opekač
prăjitor de pâine
Detergent
detergent
Pečica
cuptor
Zamrzovalnik
răcitor
Koš za smeti
coș de gunoi
Pomivalni stroj
mașină de spălat vase

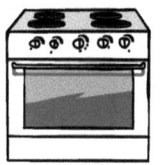

Kozica

cuptor

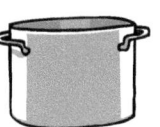

Lonec

oală

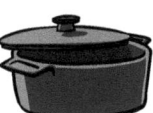

Litoželezni lonec

oală de metal

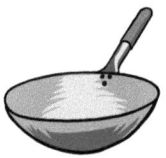

Vok / kadai

wok/kadai

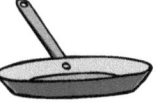

Ponev

tigaie

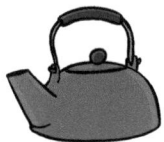

Kotliček

ceainic

Parni kuhalnik

oală de gătit cu aburi

Pekač

tavă de copt

Posoda

veselă

Skodelica

pahar

Skleda

bol

Jedilne paličice

bețișoare

Zajemalka

polonic

Lopatica

spatulă

Metlica

tel

Cedilnik

sită

Cedilo

sită

Strgalo

răzătoare

Možnar

mojar

Žar

grătar

Ognjišče

loc pentru grătar

Deska za rezanje

tocător

Valjar

sucitor

Odpirač za steklenice

tirbușon

Pločevinka

conservă

Odpirač za konzerve

deschizător de conserve

Prijemalka za posodo

șervete termice

Korito

chiuvetă

Ščetka

perie

Goba

burete

Mešalnik

mixer

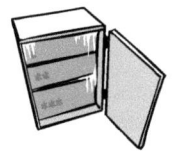

Zamrzovalna skrinja

ladă frigorifică

Steklenička

biberon

Pipa

robinet

Kopalnica
baie

Ogrevanje
încălzire
Brisača
prosop
Prha
duș
Zavesa za prho
perdea de duș
Peneča kopel
baie cu spumă
Kopalna kad
cadă
Kozarec
pahar
Pralni stroj
mașină de spălat
Pipa
robinet
Ploščice
gresie
Kahlica
oală de noapte
Korito
chiuvetă

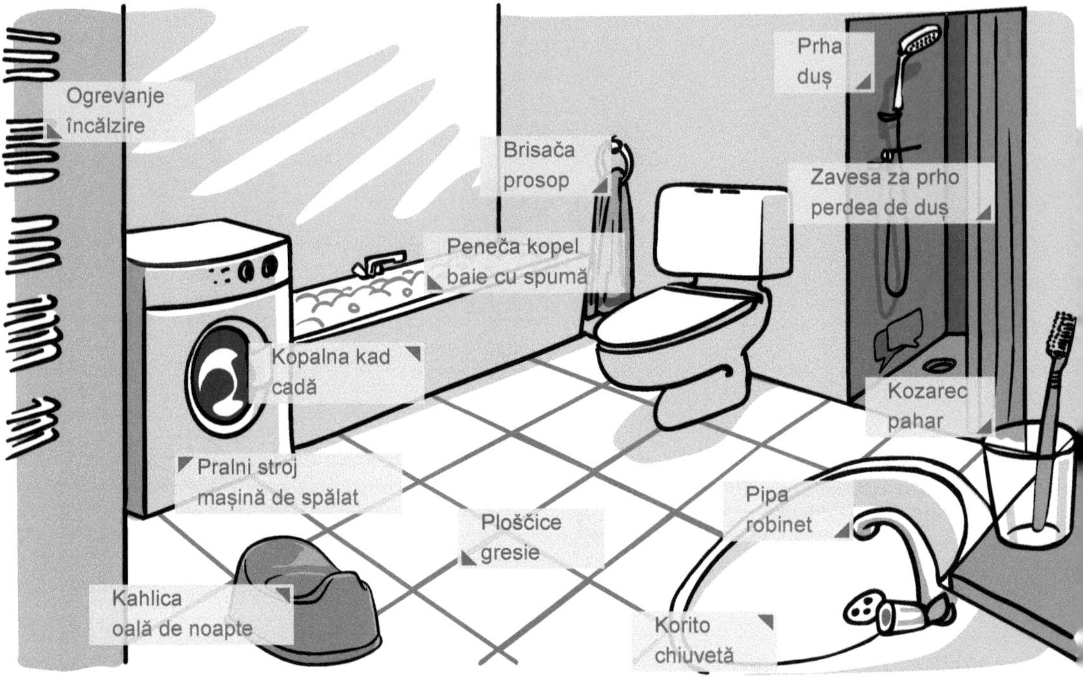

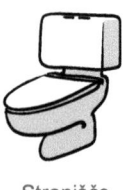

Stranišče

toaletă

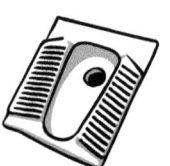

Stranišče na počep

toaletă turcescă

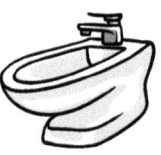

Bide

bideu

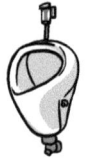

Pisoar

pisoir

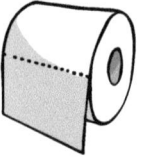

Toaletni papir

hârtie igienică

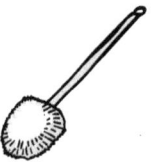

Ščetka za straniščno školjko

perie de toaletă

Zobna ščetka

periuță de dinți

Zobna pasta

pastă de dinți

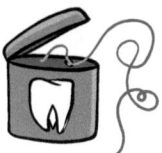

Zobna nitka

ață dentară

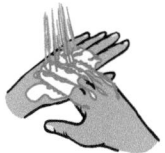

Umiti se

a spăla

Ročna prha

cap de duș

Prha za intimne dele

duș intim

Umivalnik

lavoar

Krtača za hrbet

perie pentru spate

Milo

săpun

Gel za prhanje

gel de duș

Šampon

șampon

Krpica za miljenje

cârpă de spălat

Odtok

scurgere

Krema

cremă

Deodorant

deodorant

Ogledalo

oglindă

Ročno ogledalo

oglindă cosmetică

Britvica

aparat de ras

Pena za britje

spumă de ras

Vodica po britju

aftershave

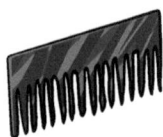

Glavnik

pieptene

Ščetka

perie

Sušilnik za lase

uscător de păr

Lak za lase

fixator

Ličila

machiaj

Šminka

ruj

Lak za nohte

lac de unghii

Vatirane blazinice

vată

Škarjice za nohte

foarfece de unghii

Parfum

parfum

Toaletna torbica

neseser

Stol brez naslonjala

taburet

Osebna tehtnica

cântar

Kopalni plašč

halat de baie

Gumijaste rokavice

mănuși de cauciuc

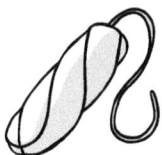

Tampon

tampon

Damski vložki

tampon

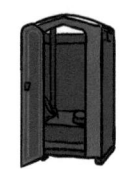

Kemično stranišče

toaletă chimică

Otroška soba
camera copiilor

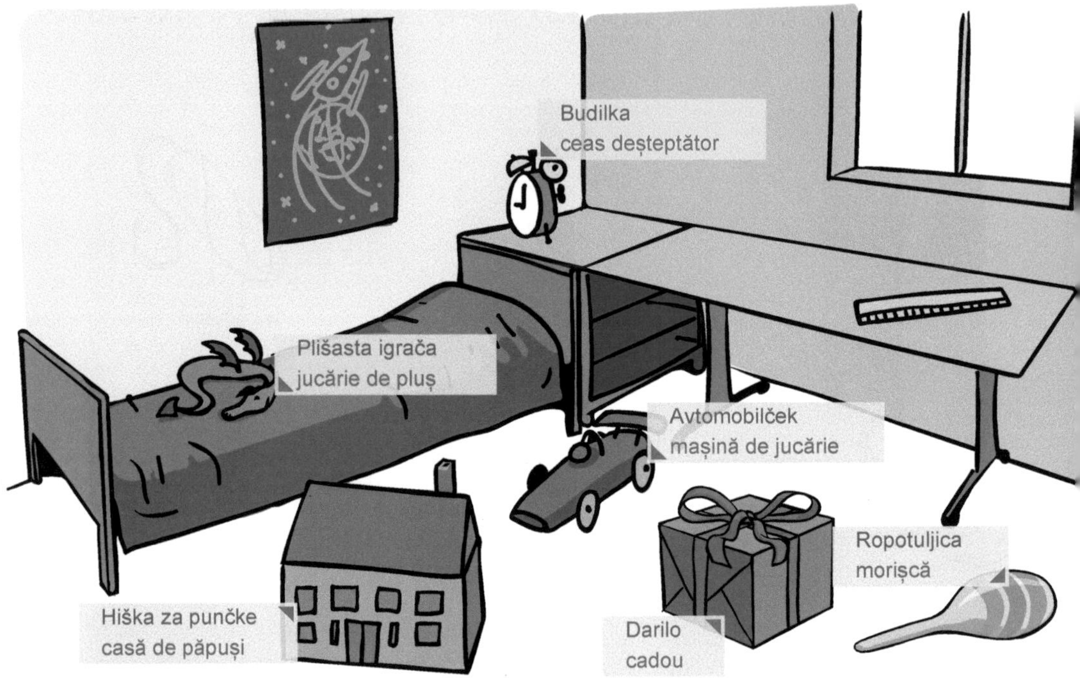

Budilka
ceas deșteptător
Plišasta igrača
jucărie de pluș
Avtomobilček
mașină de jucărie
Ropotuljica
morișcă
Hiška za punčke
casă de păpuși
Darilo
cadou

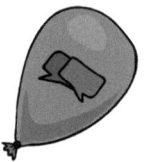

Balon
balon

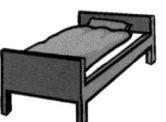

Postelja
pat

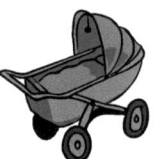

Otroški voziček
cărucior de copii

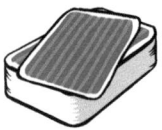

Igralne karte
joc de cărți

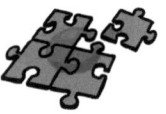

Sestavljanka
puzzle

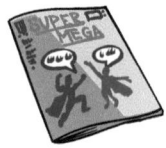

Strip
revistă de benzi desenate

Lego kocke

cuburi lego

Igralne kocke

piese pentru construcţii

Akcijska figura

personaj din filmele de
acţiune

Bodi

body

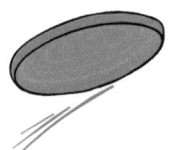

Frizbi

frisbee

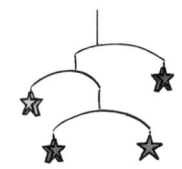

Vrtiljak za posteljico

mobil

Namizna igra

joc de societate

Kocka

zar

Komplet modelov vlakov

set trenuleţ de jucărie

Duda

suzetă

Zabava

petrecere

Slikanica

carte cu poze

Žoga

minge

Lutka

păpuşă

Igrati se

a se juca

Peskovnik

groapă de nisip

Gugalnica

leagăn

Igrače

jucării

Igralna konzola

consolă video

Tricikel

tricicletă

Plišasti medvedek

ursuleț

Garderoba

dulap

Oblačilo
îmbrăcăminte

Nogavice

șosete

Samostoječe nogavice

ciorapi

Hlačne nogavice

dres

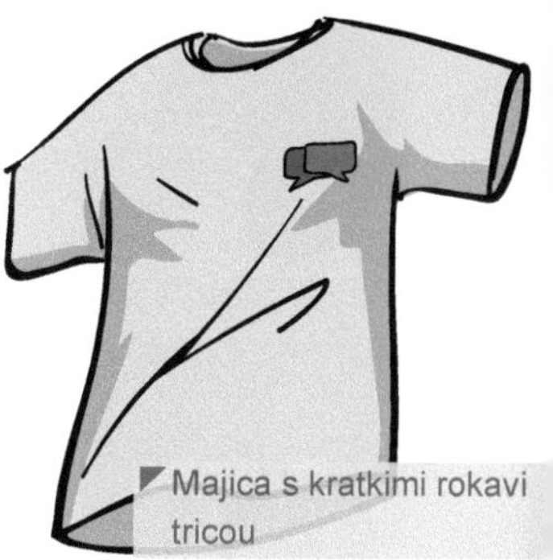

Šal
sal

Dežnik
umbrelă

Majica s kratkimi rokavi
tricou

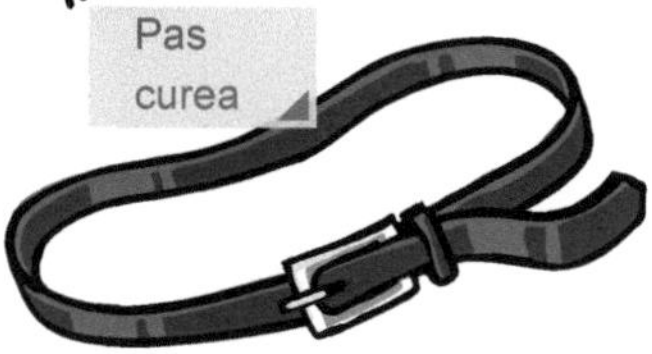

Pas
curea

Športni copati
pantofi sport

Škornji
cizme

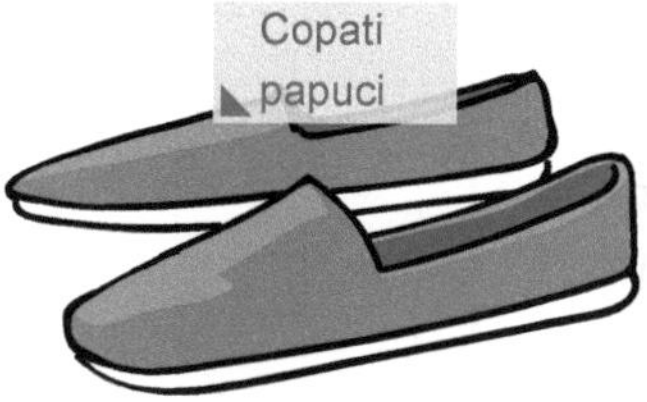

Copati
papuci

Sandali
······················
sandale

Čevlji
······················
încălţăminte

Gumijasti škornji
······················
cizme de cauciuc

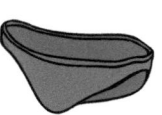

Spodnje hlače
······················
chilot

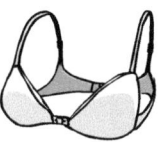

Modrček
······················
sutien

Telovnik
······················
maiou

Bodi

body

Hlače

pantaloni

Kavbojke

blugi

Krilo

fustă

Bluza

bluză

Srajca

cămașă

Pulover

pulover

Pletena jopica

jerseu

Jopa

sacou

Jakna

jachetă

Plašč

palton

Dežni plašč

pelerină de ploaie

Kostim

costum

Obleka

rochie

Poročna obleka

rochie de mireasă

Oblačilo - îmbrăcăminte

Obleka

costum

Spalna srajca

cămașă de noapte

Pižama

pijama

Sari

sari

Naglavna ruta

batic

Turban

turban

Burka

burka

Kaftan

caftan

Abaja

abaya

Kopalke

costum de baie

Kopalne hlače

șort

Kratke hlače

pantaloni scurți

Trenirka

trening

Predpasnik

șorț

Rokavice

mănuși

Gumb

nasture

Očala

ochelari

Zapestnica

brățară

Verižica

lanț

Prstan

inel

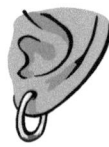

Uhan

cercel

Kapa

căciulă

Obešalnik

umeraș

Klobuk

pălărie

Kravata

cravată

Zadrga

fermoar

Čelada

cască

Naramnice

bretele

Šolska uniforma

uniformă școlară

Uniforma

uniformă

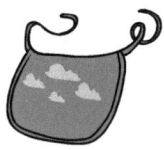

Slinček

bavețică

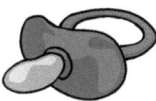

Duda

suzetă

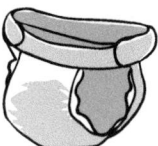

Plenica

scutec

Pisarna
birou

Strežnik
server
Kartotečna omara
dulap de acte
Papir
hârtie
Tiskalnik
imprimantă
Monitor
monitor
Miška
mouse
Pisalna miza
masă de birou
Mapa
fișier
Tipkovnica
tastatură
Koš za smeti
coș de gunoi
Računalnik
computer
Stol
scaun

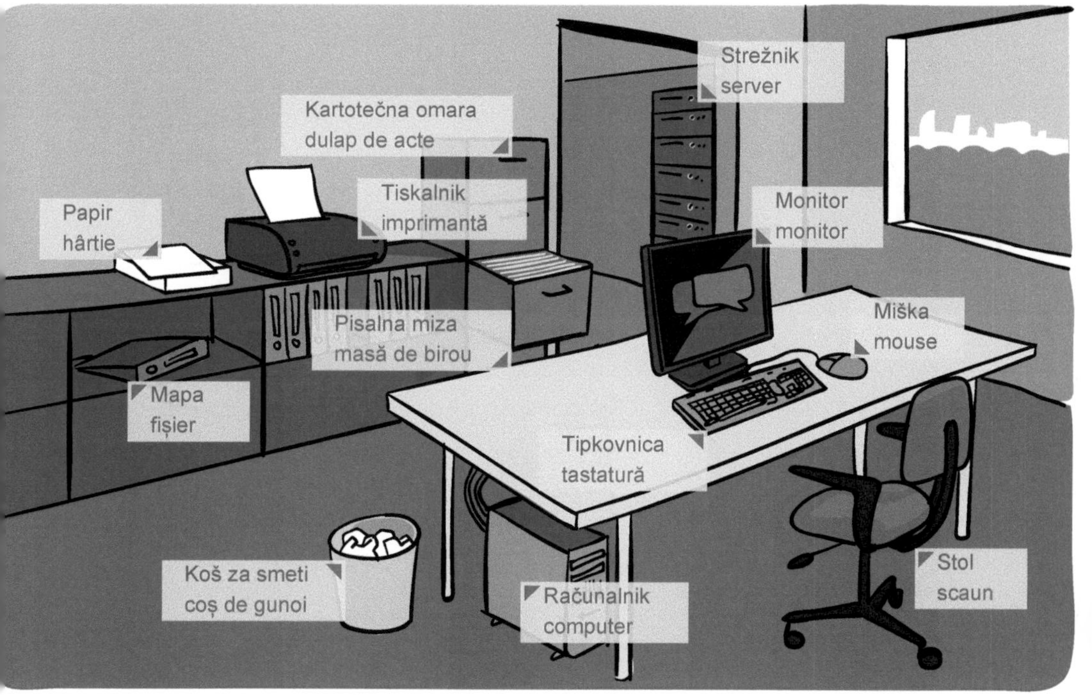

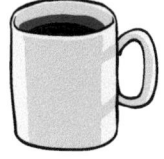

Lonček za kavo

ceașcă de cafea

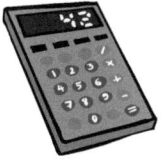

Kalkulator

calculator

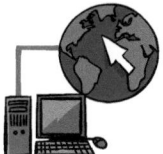

Internet

internet

Prenosnik

laptop

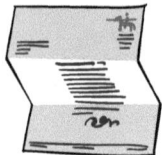

Pismo

scrisoare

Sporočilo

mesaj

Mobilnik

telefon mobil

Omrežje

rețea

Kopirni stroj

copiator

Programska oprema

software

Telefon

telefon

Vtičnica

priză

Telefaks

fax

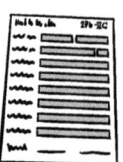

Obrazec

formular

Dokument

document

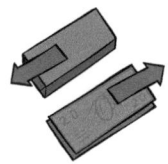

Kupiti

a cumpăra

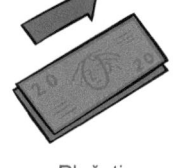

Plačati

a plăti

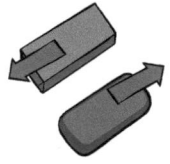

Trgovati

a face comerț

Denar

bani

Dolar

Dolar

Evro

Euro

Jen

Yen

Rubelj

Rublă

Švičarski frank

Franc Elvețian

Kitajski juan renminbi

renminbi yuan

Rupija

Rupie

Bankomat

bancomat

Menjalnica

casă de schimb valutar

Zlato

aur

Srebro

argint

Nafta

petrol

Energija

energie

Cena

preț

Pogodba

contract

Davek

impozit

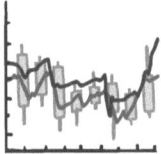

Delnice

acțiune

Delati

a munci

Delojemalec

angajat

Delodajalec

angajator

Tovarna

fabrică

Trgovina

magazin

Poklici
ocupații

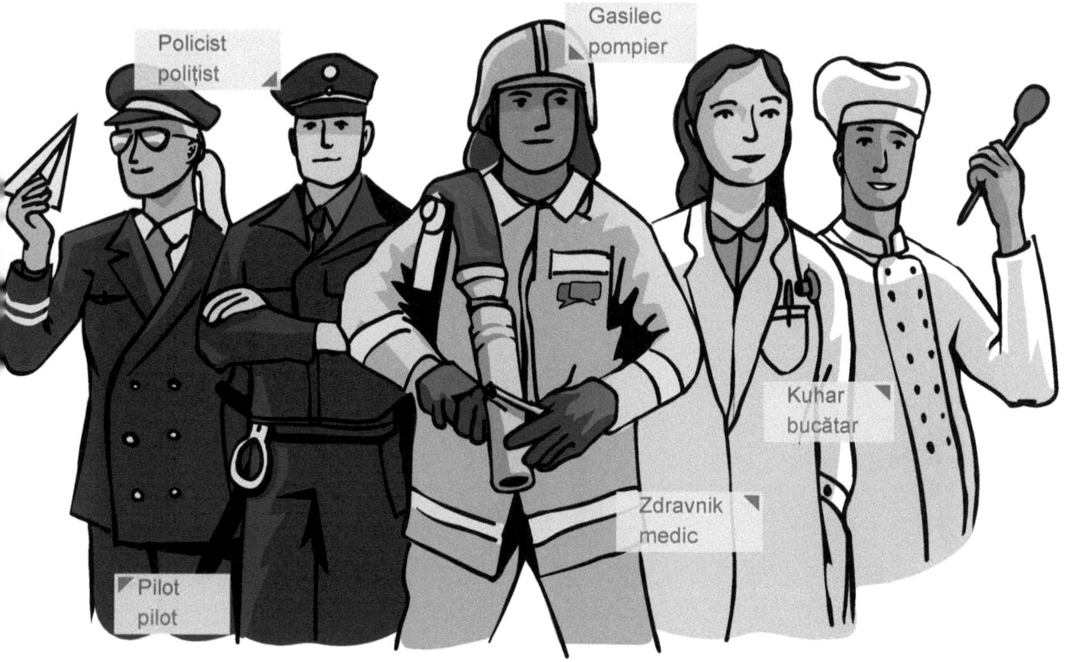
Policist
polițist
Gasilec
pompier
Kuhar
bucătar
Zdravnik
medic
Pilot
pilot

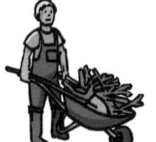

Vrtnar

grădinar

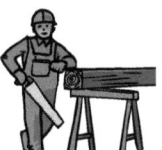

Mizar

tâmplar

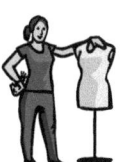

Šivilja

cusătoreasă

Sodnik

judecător

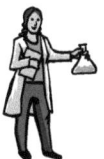

Kemik

chimist

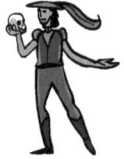

Igralec

actor

Voznik avtobusa

șofer de autobuz

Taksist

șofer de taxi

Ribič

pescar

Čistilka

femeie de serviciu

Krovec

tinichigiu

Natakar

chelnăr

Lovec

vânător

Pleskar

pictor

Pek

brutar

Električar

electrician

Gradbenik

muncitor în construcții

Inženir

inginer

Mesar

măcelar

Vodovodni inštalater

instalator

Poštar

poștaș

Vojak

soldat

Arhitekt

arhitect

Blagajnik

casier

Cvetličar

florar

Frizer

frizer

Sprevodnik

controlor

Mehanik

mecanic

Kapitan

căpitan

Zobozdravnik

stomatolog

Znanstvenik

om de știință

Rabin

rabin

Imam

imam

Menih

călugăr

Duhovnik

preot

Orodje
instrumente

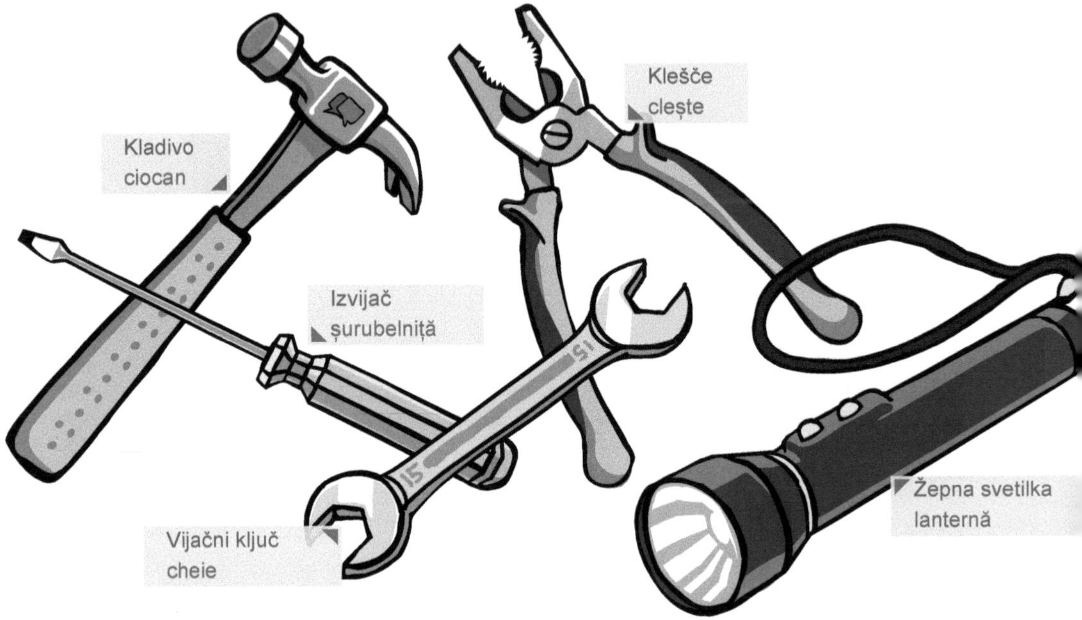
Klešče
clește
Kladivo
ciocan
Izvijač
șurubelniță
Žepna svetilka
lanternă
Vijačni ključ
cheie

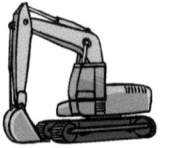

Bager

excavator

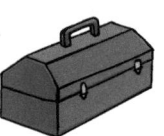

Zaboj z orodjem

cutie de scule

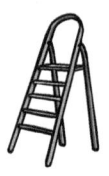

Lestev

scară

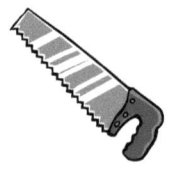

Žaga

ferăstrău

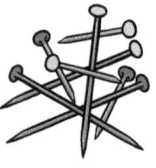

Žeblji

cuie

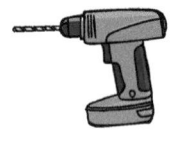

Vrtalnik

burghiu

Popraviti

a repara

Lopata

lopată

Šment!

La naiba!

Smetišnica

făraș

Posoda z barvo

vas pentru vopsea

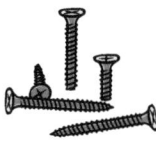

Vijaki

șuruburi

Glasbeni instrument
instrumente muzicale

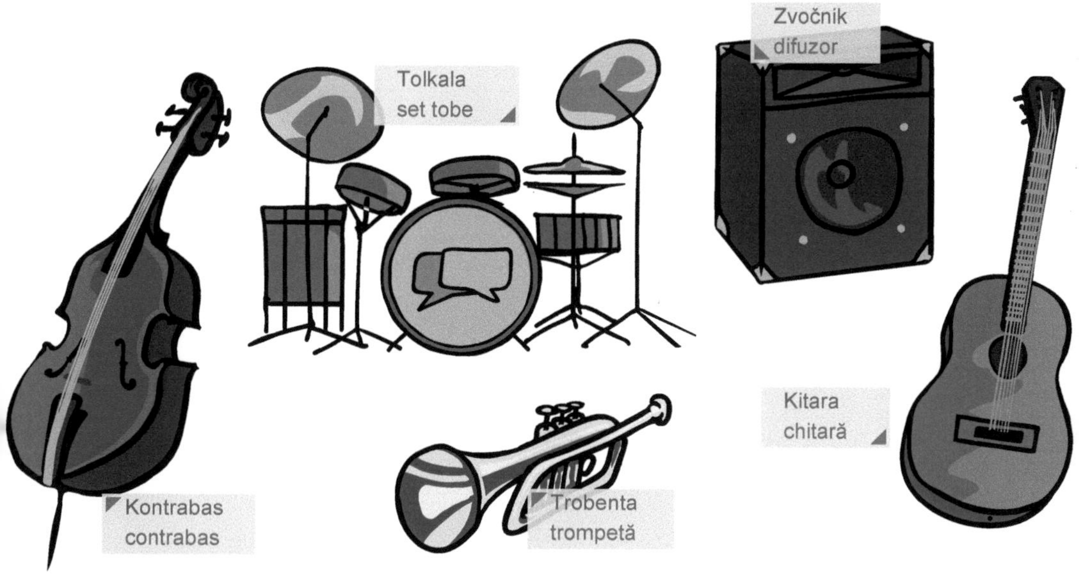

Tolkala
set tobe

Zvočnik
difuzor

Kitara
chitară

Kontrabas
contrabas

Trobenta
trompetă

Klavir

pian

Violina

vioară

Bas kitara

bas

Pavke

trombon

Bobni

tobă

Sintetizator

keyboard

Saksofon

saxofon

Flavta

fluier

Mikrofon

microfon

Živalski vrt
grădină zoologică

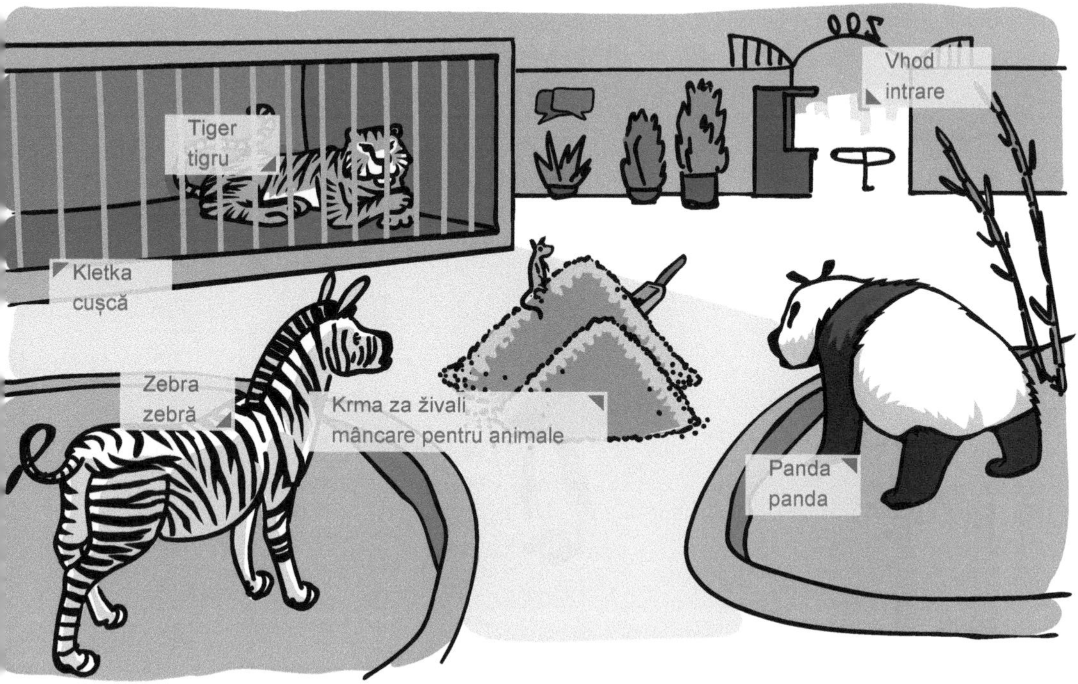

Vhod
intrare
Tiger
tigru
Kletka
cușcă
Zebra
zebră
Krma za živali
mâncare pentru animale
Panda
panda

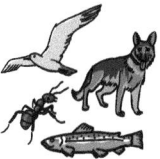

Živali
animale

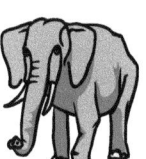

Slon
elefant

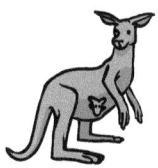

Kenguru
cangur

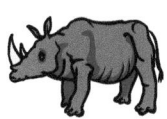

Nosorog
rinocer

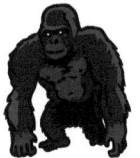

Gorila
gorilă

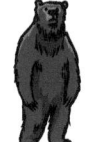

Medved
urs

Kamela

cămilă

Noj

struț

Lev

leu

Opica

maimuță

Plamenec

flamingo

Papagaj

papagal

Severni medved

urs polar

Pingvin

pinguin

Morski pes

rechin

Pav

păun

Kača

șarpe

Krokodil

crocodil

Oskrbnik v živalskem vrtu

îngrijitor grădina zoologică

Tjulenj

focă

Jaguar

jaguar

Poni

ponei

Leopard

leopard

Povodni konj

hipopotam

Žirafa

girafă

Orel

acvilă

Divji prašič

porc mistreț

Riba

pește

Želva

broască țestoasă

Mrož

morsă

Lisica

vulpe

Gazela

gazelă

Šport

sport

Ameriški nogomet
fotbal american

Kolesarjenje
ciclism

Tenis
tenis

Košarka
basketball

Plavanje
înot

Hokej
hockey pe gheață

Boks
box

Nogomet
fotbal

Badminton
badminton

Atletika
atletism

Rokomet
handbal

Smučanje
schi

Polo
polo

Dejavnosti
activități

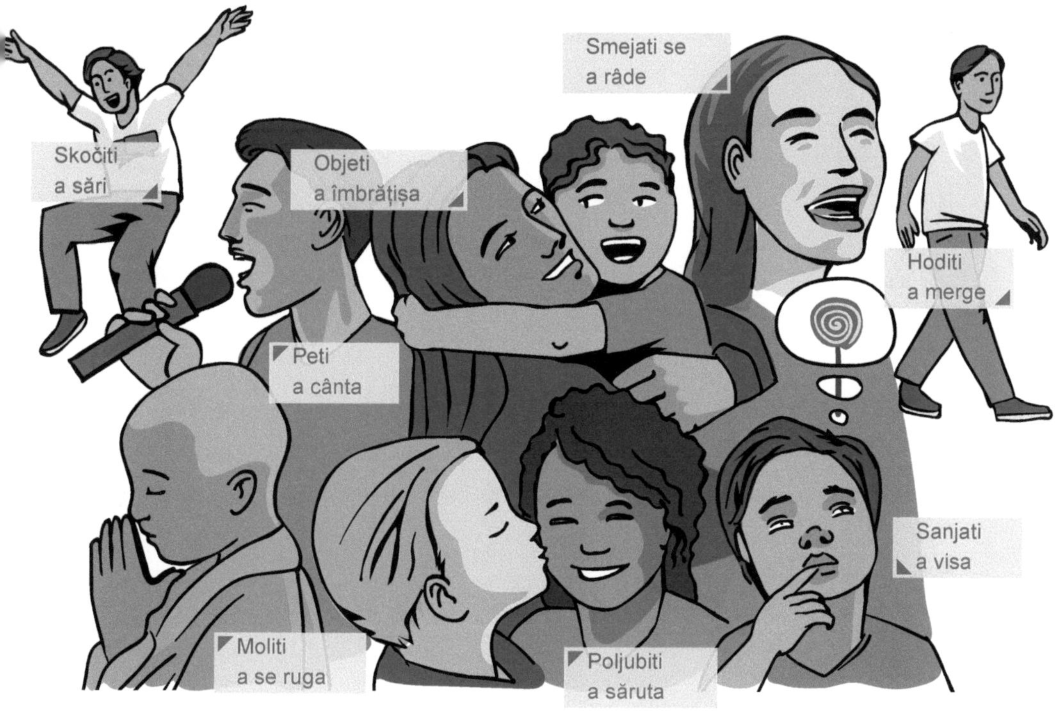
Smejati se
a râde
Skočiti
a sări
Objeti
a îmbrățișa
Hoditi
a merge
Peti
a cânta
Sanjati
a visa
Moliti
a se ruga
Poljubiti
a săruta

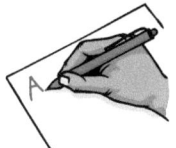

Pisati

a scrie

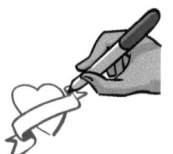

Risati

a desena

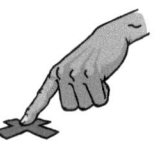

Pokazati

a arăta

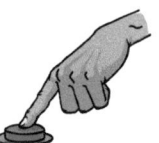

Potisniti

a împinge

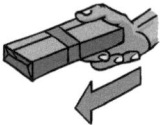

Dati

a da

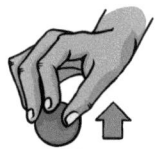

Vzeti

a lua

Imeti

a avea

Narediti

a face

Biti

a fi

Stati

a sta în picioare

Teči

a fugi

Vleči

a trage

Vreči

a arunca

Pasti

a cădea

Ležati

a sta întins

Čakati

a aștepta

Nositi

a purta

Sedeti

a ședea

Obleči se

a se îmbrăca

Spati

a dormi

Zbuditi se

a se trezi

Gledati

a privi

Jokati

a plânge

Božati

a mângâia

Česati se

a se pieptăna

Govoriti

a vorbi

Razumeti

a înțelege

Vprašati

a întreba

Poslušati

a asculta

Piti

a bea

Jesti

a mânca

Pospraviti

a face ordine

Ljubiti

a iubi

Kuhati

a găti

Voziti

a conduce

Leteti

a zbura

Dejavnosti - activități

Jadrati

a naviga

Računanje

a calcula

Brati

a citi

Učiti se

a învăța

Delati

a munci

Poročiti se

a se căsători

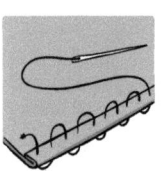

Šivati

a coase

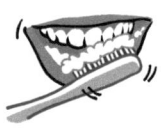

Ščetkati si zobe

a se spăla pe dinți

Ubiti

a ucide

Kaditi

a fuma

Poslati

a trimite

Družina
familie

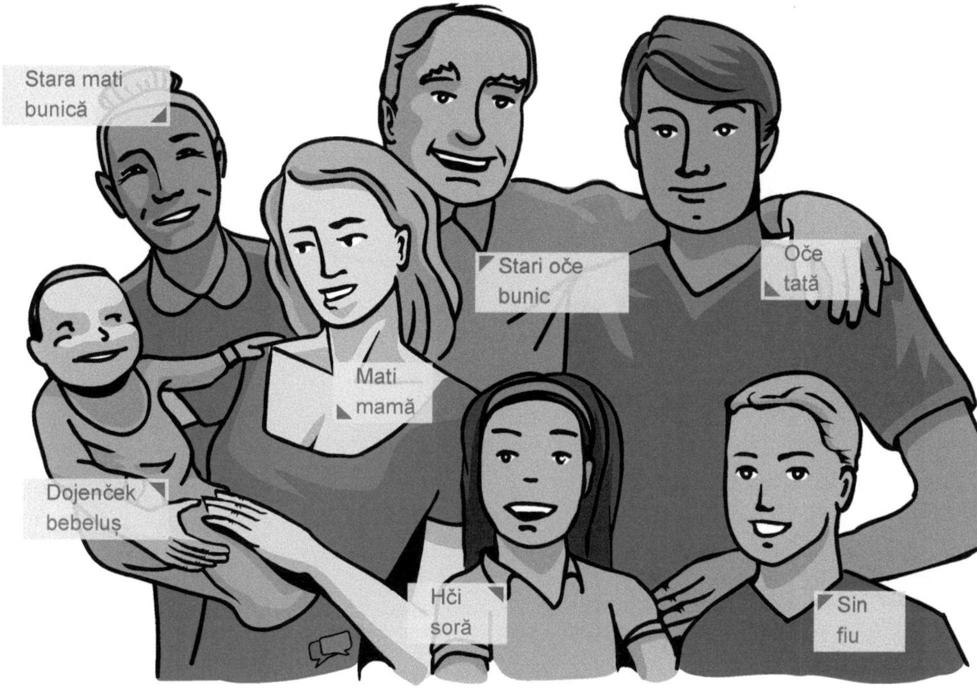
Stara mati
bunică
Stari oče
bunic
Oče
tată
Mati
mamă
Dojenček
bebeluș
Hči
soră
Sin
fiu

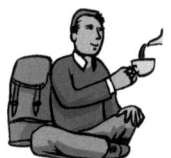

Gost
oaspete

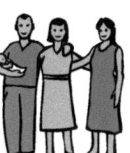

Teta
mătușă

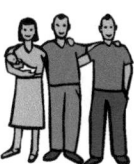

Stric
unchi

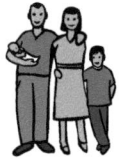

Brat
frate

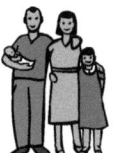

Sestra
soră

Telo
corp

Čelo
frunte
Oko
ochi
Obraz
față
Brada
bărbie
Prsi
piept
Prst
deget
Dlan
mână
Roka
braț
Rama
umăr
Noga
picior

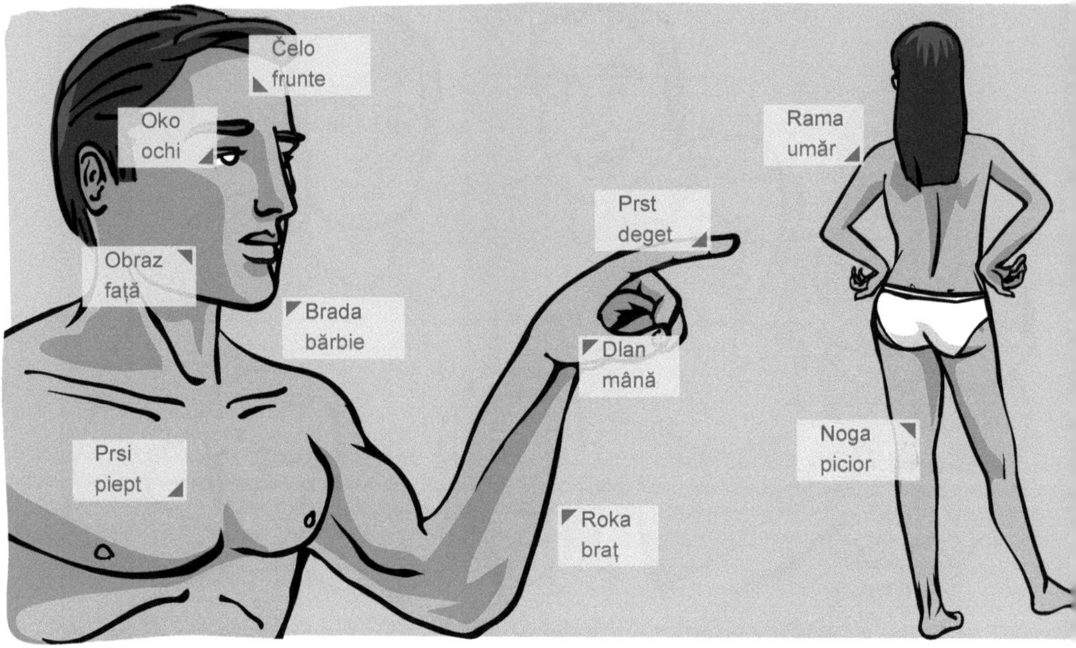

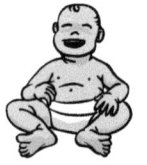

Dojenček

bebeluș

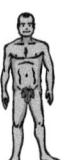

Človek

bărbat

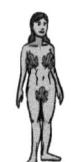

Ženska

femeie

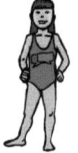

Dekle

fată

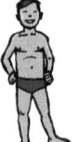

Fant

băiat

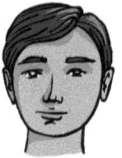

Glava

cap

Hrbet

spate

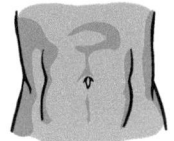

Trebuh

abdomen

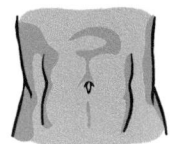

Popek

ombilic

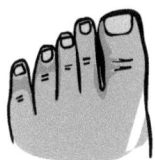

Prst na nogi

deget de la picior

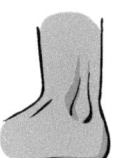

Peta

călcâi

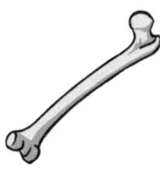

Kost

os

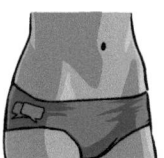

Kolk

șold

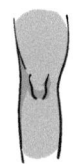

Koleno

genunchi

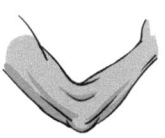

Komolec

cot

Nos

nas

Zadnjica

fund

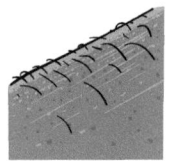

Koža

piele

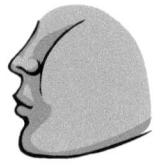

Lice

obraz

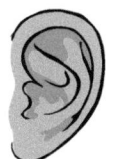

Uho

ureche

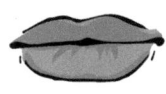

Ustnica

buză

Usta

gură

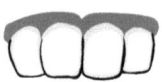

Zob

dinte

Jezik

limbă

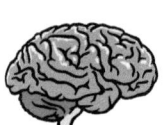

Možgani

creier

Srce

inimă

Mišica

mușchi

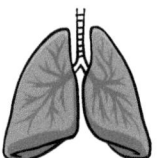

Pljuča

plămân

Jetra

ficat

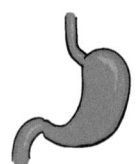

Želodec

stomac

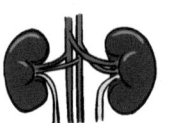

Ledvice

rinichi

Spolni odnos

sex

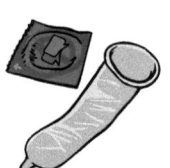

Kondom

prezervativ

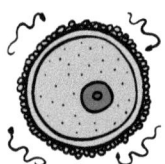

Jajčece

ovul

Semenska tekočina

spermă

Nosečnost

sarcină

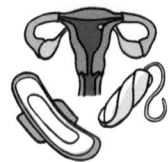

Menstruacija

menstruație

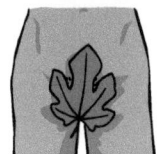

Vagina

vagin

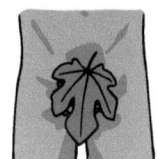

Penis

penis

Obrv

sprânceană

Lasje

păr

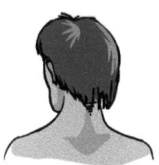

Vrat

gât

Bolnišnica
spital

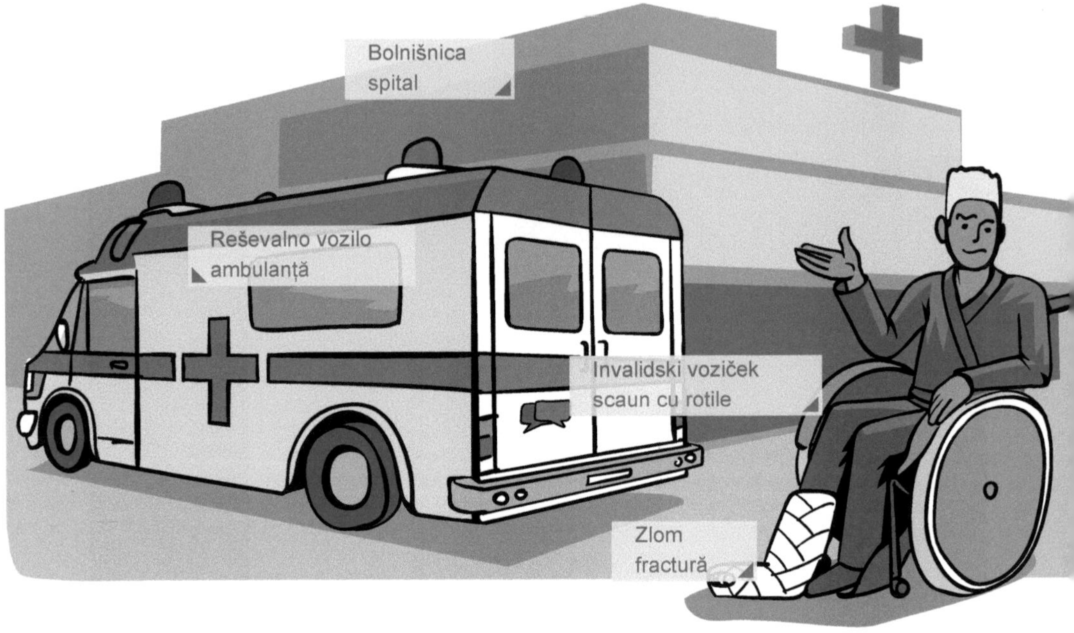

Bolnišnica
spital
Reševalno vozilo
ambulanță
Invalidski voziček
scaun cu rotile
Zlom
fractură

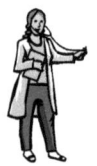

Zdravnik

medic

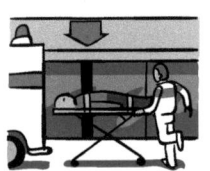

Urgenca

unitate de primiri urgențe

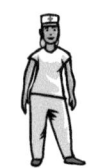

Medicinska sestra

soră medicală

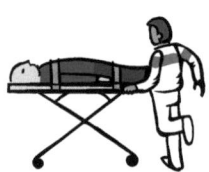

Nujni primer

urgență

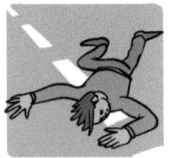

Nezavesten

inconștient

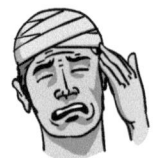

Bolečina

durere

Poškodba

leziune

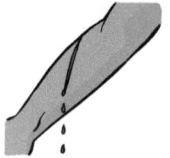

Krvavenje

sângerare

Srčni infarkt

infarct miocardic

Kap

atac cerebral

Alergija

alergie

Kašelj

tuse

Vročina

febră

Gripa

gripă

Driska

diaree

Glavobol

durere de cap

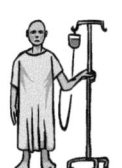

Rak

cancer

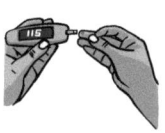

Sladkorna bolezen

diabet

Kirurg

chirurg

Skalpel

scalpel

Operacija

operație

CT
CT

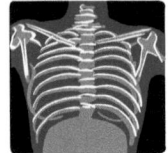

Rentgen
raze Röntgen

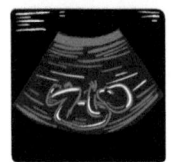

Ultrazvok
ultrasunet

Obrazna maska
mască

Bolezen
boală

Čakalnica
sală de așteptare

Bergla
cârjă

Obliž
plasture

Preveza
bandaj

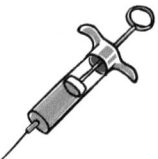

Injekcija
injecție

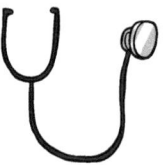

Stetoskop
stetoscop

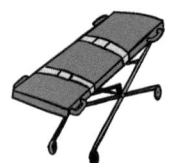

Nosila
targă

Klinični termometer
termometru

Porod
naștere

Prekomerna teža
supraponderabilitate

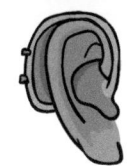

Slušni pripomoček

aparat auditiv

Razkužilo

dezinfectant

Okužba

infecție

Virus

virus

HIV / AIDS

HIV/SIDA

Medicina

medicină

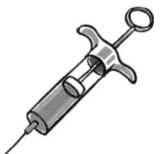

Cepljenje

vaccin

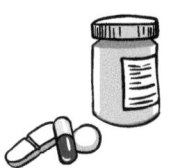

Tablete

tablete

Tableta

pastilă

Klic v sili

apel de urgență

Merilnik krvnega tlaka

aparat de măsurare a presiunii arteriale

bolano / zdravo

bolnav/sănătos

Na pomoč!

Ajutor!

Alarm

alarmă

Napad

agresiune

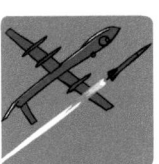

Napad

atac

Nevarnost

pericol

Izhod v sili

ieşire de urgenţă

Gori!

Foc!

Gasilni aparat

extinctor

Nezgoda

accident

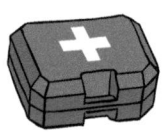

Komplet za prvo pomoč

trusă de prim-ajutor

SOS

SOS

Policija

poliţie

Evropa

Europa

Severna Amerika

America de Nord

Južna Amerika

America de Sud

Afrika

Africa

Azija

Asia

Avstralija

Australia

Atlantski ocean

Altantic

Tihi ocean

Pacific

Indijski ocean

Oceanul Indian

Južni ocean

Oceanul Antarctic

Arktični ocean

Oceanul Arctic

Severni tečaj

Polul Nord

Južni tečaj

Polul Sud

Antarktika

Antarctica

Zemlja

pământ

Kopno

țară

Morje

mare

Otok

insulă

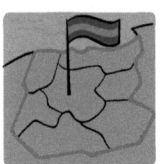

Narod

națiune

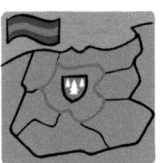

Država

stat

Številčnica

cadran

Urni kazalec

orar

Minutni kazalec

minutar

Sekundni kazalec

secundar

Koliko je ura?

Cât e ceasul?

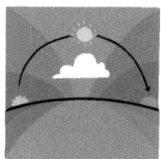

Dan

zi

Čas

timp

Zdaj

acum

Digitalna ura

cead digital

Minuta

minut

Ura

oră

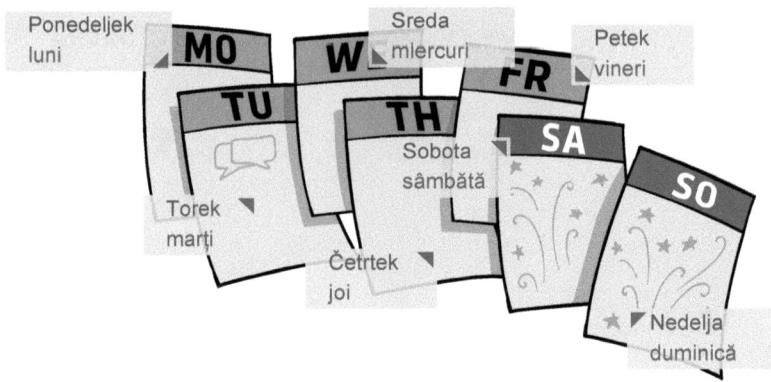

Ponedeljek
luni

Sreda
mlercurl

Petek
vineri

Torek
marţi

Sobota
sâmbătă

Četrtek
joi

Nedelja
duminică

Včeraj

ieri

Danes

azi

Jutri

mâine

Jutro

dimineaţă

Poldne

amiază

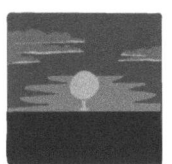

Večer

seară

MO	TU	WE	TH	FR	SA	SU
1	2	3	4	5	6	7
8	9	10	11	12	13	14
15	16	17	18	19	20	21
22	23	24	25	26	27	28
29	30	31	1	2	3	4

Delovni dnevi

zile lucrătoare

MO	TU	WE	TH	FR	SA	SU
1	2	3	4	5	6	7
8	9	10	11	12	13	14
15	16	17	18	19	20	21
22	23	24	25	26	27	28
29	30	31	1	2	3	4

Konec tedna

week-end

Dež
ploaie

Mavrica
curcubeu

Sneg
zăpadă

Veter
vânt

Pomlad
primăvară

Jesen
toamnă

Poletje
vară

Zima
iarnă

4.APRIL	11°	☀
5.APRIL	4°	☁
6.APRIL	13°	☁
7.APRIL	8°	☀
8.APRIL	10°	☀

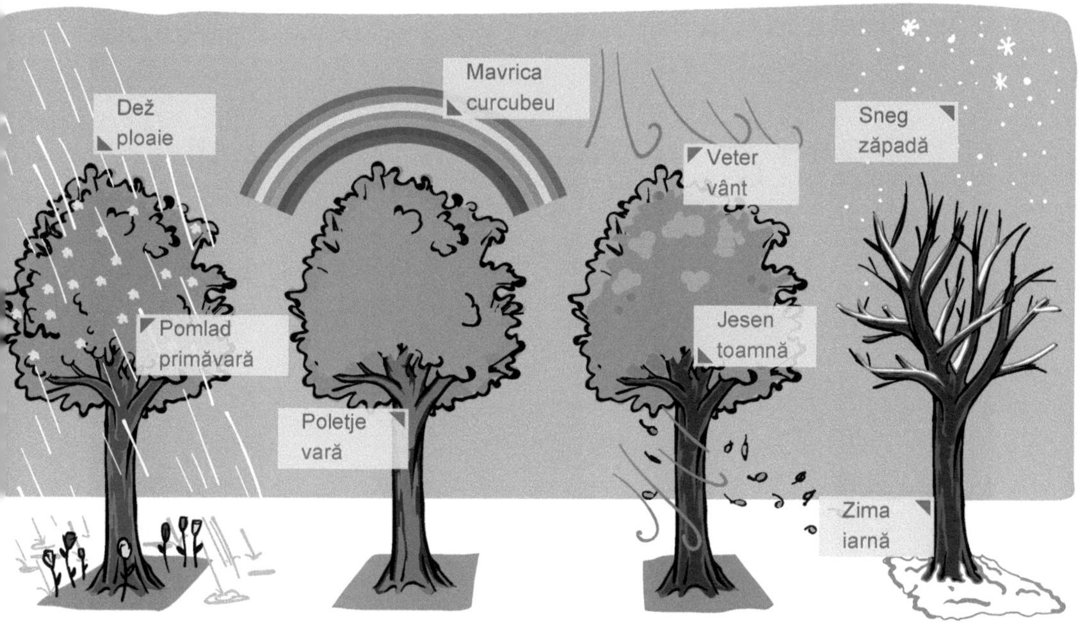

Vremenska napoved

prognoză meteo

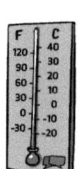

Termometer

termometru

Sončna svetloba

lumina soarelui

Oblak

nor

Megla

ceață

Vlažnost

umiditate a aerului

Strela

fulger

Grom

tunet

Nevihta

furtună

Toča

grindină

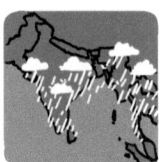

Monsun

muson

Poplava

inundaţie

Led

gheaţă

Januar

ianuarie

Februar

februarie

Marec

martie

April

aprilie

Maj

mai

Junij

iunie

Julij

iulie

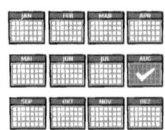

Avgust

august

September
septembrie

Oktober
octombrie

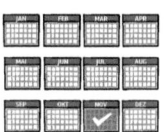

November
noiembrie

December
decembrie

Oblike

forme

Krogla
cerc

Kvadrat
pătrat

Pravokotnik
dreptunghi

Trikotnik
triunghi

Krogla
sferă

Kocka
cub

Bela

alb

Rumena

galben

Oranžna

portocaliu

Rožnata

roz

Rdeča

roșu

Vijolična

violet

Modra

albastru

Zelena

verde

Rjava

maro

Siva

gri

Črna

negru

veliko / malo

mult/puţin

jezno / umirjeno

furios/calm

lepo / grdo

frumos/urât

začetek / konec

început/sfârşit

veliko / majhno

mare/mic

svetlo / temno

luminos/întunecat

brat / sestra

frate/soră

čisto / umazano

curat/murdar

popolno / nepopolno

complet/incomplet

dan / noč

zi/noapte

mrtvo / živo

mort/viu

široko / ozko

lat/strâmt

užitno / neužitno

comestibil/necomestibil

zlobno / prijazno

rău/prietenos

vznemirjeno / zdolgočaseno

emoţionat/plictisit

debelo / vitko

gras/slab

prvo / zadnje

primul/ultimul

prijatelj / sovražnik

prieten/inamic

polno / prazno

plin/gol

trdo / mehko

tare/moale

težko / lahko

greu/uşor

lakota / žeja

foame/sete

bolano / zdravo

bolnav/sănătos

nezakonito / zakonito

ilegal/legal

pametno / neumno

inteligent/stupid

levo / desno

stânga/drepta

blizu / daleč

aproape/departe

novo / rabljeno

nou/uzat

nič / nekaj

nimic/ceva

staro / mlado

bătrân/tânăr

vklopljeno / izklopljeno

pornit/oprit

odprto / zaprto

deschis/închis

tiho / glasno

încet/tare

bogato / revno

bogat/sărac

prav / narobe

corect/fals

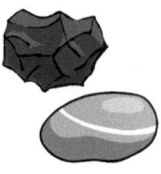

grobo / gladko

aspru/neted

žalostno / veselo

trist/fericit

kratko / dolgo

lung/scurt

počasi / hitro

încet/repede

mokro / suho

ud/uscat

toplo / hladno

cald/rece

vojna / mir

război/pace

Nasprotja - antonime

0	1	2
Nična	Ena	Dva
zero	unu	doi

3	4	5
Tri	Štiri	Pet
trei	patru	cinci

6	7	8
Šest	Sedem	Osem
șase	șapte	opt

9	10	11
Devet	Deset	Enajst
nouă	zece	unsprezece

12

Dvanajst

douăsprezece

13

Trinajst

treisprezece

14

Štirinajst

paisprezece

15

Petnajst

cincisprezece

16

Šestnajst

șaisprezece

17

Sedemnajst

șaptesprezece

18

Osemnajst

optsprezece

19

Devetnajst

nouăsprezece

20

Dvajset

douăzeci

100

Sto

o sută

1.000

Tisoč

o mie

1.000.000

Milijon

un milion

Angleščina

engleză

Ameriška angleščina

engleză americană

Mandarinščina

chineza mandarină

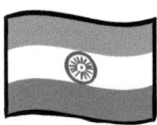

Hindujščina

hindi

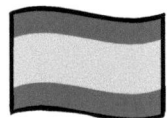

Španščina

spaniolă

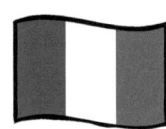

Francoščina

franceză

Arabščina

arabă

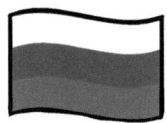

Ruščina

rusă

Portugalščina

protugheză

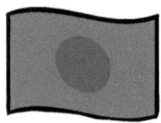

Bengalščina

bengaleză

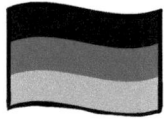

Nemščina

germană

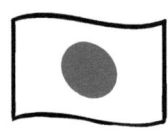

Japonščina

japoneză

Jaz

eu

Ti

tu

On / ona / tisto

el/ea

Mi

noi

Vi

voi

Oni

ea

Kdo?

cine?

Kaj?

ce?

Kako?

cum?

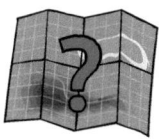

Kje?

unde?

Kdaj?

când?

Ime

nume

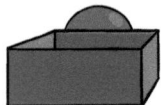

Zadaj

în spate

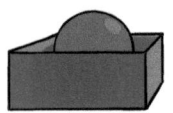

V

în

Pred

înainte

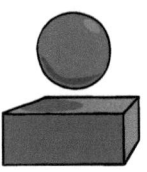

Nad

peste

Na

pe

Pod

sub

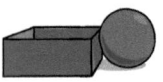

Poleg

lângă

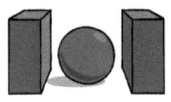

Med

între

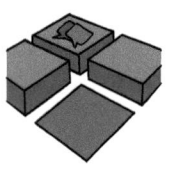

Kraj

loc